あなたは、あなた。

大來尚順
OGI,Shojun

ありのままの自分を受け入れ、疲れた心をリセットする

はじめに

人は誰もが、忙しい毎日の中でさまざまな悩みをもって、日常生活をおくっています。

そんな中で、少しだけ立ち止まって周りを見渡してみてください。そして、こう考えてみてください。

今、たまたま自分の目に映った名前も知らない人も、仕事やプライベートを含め、普段自分の周囲にいる人も、実はすべての人は他人からは分からない悩みを抱えて生きているのだと。

せわしなく毎日を過ごしていると、深く考える余裕がないかもしれませんが、誰もが人間関係、仕事、恋愛、人生設計など、いろいろなことで悩み、その悩みが大きく膨れあがってしまうこともあるはずです。

また、ときとして自分の問題だけではなく、周囲との人間関係などに振り回されることで、期せずして嫌な思いをすることもあるでしょう。

そう、人が生きるということは、言ってみれば常に悩みに立ち向かい、それに折り合いをつけることの連続なのです。


人の心に潜む悩みには、小さなものもあれば、大きなものもあるとは思います。しかし、何かしら悩みながら生活をしているのは、決してあなただけではないのです。

人それぞれ、そのときどきで、その人なりの悩みを必ず持っています。

ただし、十人十色の悩みがあるといえども、実はすべての悩みに共通して言えることがあります。

それは、「焦り」「怒り」「悲しみ」「淋しさ」というような感情の起伏に右往左往してしまう、心の振れ幅による疲れです。
この疲れを癒すためには、「今のあなたは、そのままでいい」と受けとめることが、もっとも大切なのです。

本書では、そんな日々のさまざまな悩みの事例を24のテーマに厳選し、あなたがありのままの自分を受け入れ、疲れた心をリセットできるコラムを「心の処方箋」として紹介しています。

感情の起伏に縛られず、周囲にも振り回されず、見失いがちな「あなた自身」を取り戻す手立てとして、本書をお読みいただければ幸いです。

大來尚順

CONTENTS

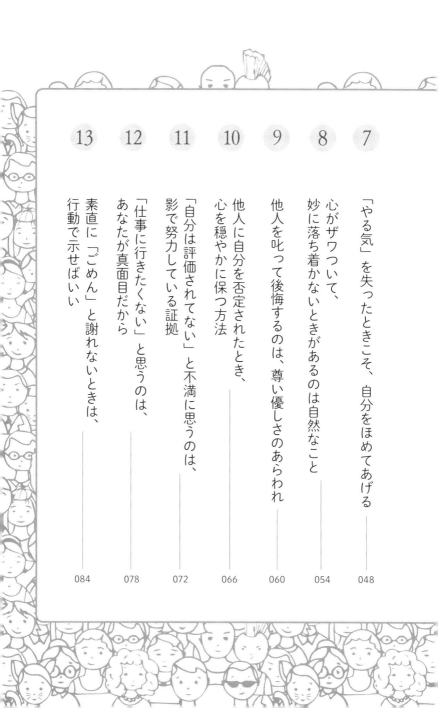

CONTENTS

「あ、この人と合わない」と思ったときは、自分の「ものさし」を大切にする

——そのままでいい

日々の生活の中で「あ、この人と合わない」と思う人に出会うことが、よくあるのではないでしょうか。これはいたって自然なことであり、特に気にすることではありません。

ましてや、そう思ってしまう自分を責める必要もまったくありません。人によっては、どうにか接点を見つけて仲良くする方法を探ろうと必死になり、余計に悩まれる方がいらっしゃいますが、そんな必要などありません。

結論を言うと、「あ、この人と合わない」と思ったら、「合わない」ことを認め、「やっぱりこういう人とは私は合わないのだ」というような感じで、その思いを受け流し、極力気にしないようにしてください。

あなたが「この人と合わない」と判断を下すまでには、さまざまな経験をされてきたことだと思います。

人との付き合いの中でいろいろなことを感じ、学び、ときには相性が合わないと思った人と、あの手この手を使ってどうにか仲よくしようと取り繕ってみたり、試行錯誤という名の苦難を試したこともあったことでしょう。

それをわざわざ蒸し返して苦しまなくても大丈夫です。

「この人とは合わない」と思ったら、そのときはその思いに抵抗するのではなく、素直に受け止めて、それなりにお付き合いすることです。

つまり、その人のことを考えすぎないようにするのです。抵抗するとそれだけ余計なエネルギーが消費され、疲れるだけです。

そんな状況は、あなたにとってナンセンスです。


誰にでも自分と相性が合う人、合わない人がいます。少しご自身の過去を振り返ってみてください。

学校、職場、近所付き合いなど、いろいろな場所や環境を転々と移動しても、なぜか合わない人が出現してしまうということはなかったでしょうか。どこに行っても、どうしても好きになれない人に巡り遇《めぐ》ってしまう不思議な体験をされているはずです。


実はこれは世界中の誰しもが例外なく当てはまることであり、紛れもない現実です。ですから、「この人と合わない」と思う自分自身に対し、否定的な感情を持つ必要はありません。

「合わない人」だと思ったら、「これは仕方がないことだ」と気持ちを切り替えて、その人のことに気を回さないようにしましょう。

あなたの貴重な時間と体力はもっと大切で前向きなことに使ってあげてください。


ただ、そうはいっても仕事などの諸事情によって、どうしても付き合っていかなければならないこともあるでしょう。

その場合は、自分である程度、自分自身に負担のかからない付き合い方や接し方を準備しておくといいでしょう。

つまり予防線を張るということです。そうすると気苦労も軽減されます。

大切なことは無理をして取り繕う必要はないということです。

人の好き嫌いなどの好み（判断）というものは、これまでの私たちのさまざまな経験が蓄積されてつくりあげられた「ものさし」です。

正直に言うと、その「ものさし」にあなたの偏見が含まれていることは否めません。ですが、それは長年たくさんの苦労を経験してきて形成されたものです。そういう意味では、もう今さら変えることのできない、自分の考え方、見方、価値観など、自分にはどうしようもないものがあるのは仕方のないことなのです。

それはそれでいいのです。自分の「ものさし」を大切にしてください。それらを無理に変えようとせず、「よし」としてください。

大切なのは、そんな自分とうまく付き合っていくという心構えを持つことです。必要なときがくればその「ものさし」は変化することもあります。

ですから無理に変化させようと思う必要はありません。それよりもその「ものさし」の使い方のほうが大切なのです。

自分の「ものさし」とうまく付き合っていく心持ち

自分の「ものさし」とうまく付き合っていくための「ヒント」は、あなた自身の中にあなたの経験によってつくられた「ものさし」があるように、周囲の人々にもあなたと同じように、さまざまな経験を通してつくられた「ものさし」があるという視点を知ることです。つまり、人はみなそれぞれ自分のオリジナルの「ものさし」を持っているということです。

自分の意志だけを貫き通そうとすれば必ず角が立ってしまい、相手との関係が思わぬ方向へ動き、悪い状況に発展することもあり得ます。これは簡単に想像がつくことでしょう。自分らしく生活していこうとすることは、他人にも他人らしく生活してもらうことでもあります。

これをきちんと意識することで、「あ、この人と合わない」と思う人にもある程度節度ある対応をとったうえで、自分の「ものさし」を大切にしながら付き合うことができるでしょう。

実は、これはただ自分の好き嫌いを押し通すだけでは終わらない、一段上の冷静で穏やかな考え方です。

基本は、あなたはあなたの思いをそのまま受けとめるだけでよいのです。それに対してどうにかしようと思い、苦しむ必要はありません。そのまま受け流してください。

ただ、どうしても自分の思いや感情を丸くまとめたいという方は、自分自身に最低限の負担しか掛からない付き合い方や接し方を準備しておくといいでしょう。準備する間、少しだけ苦労しますが、準備が完了してしまえばもう安心です。

くれぐれも、あなたらしく生活されることを心掛けてください。

理不尽な思いをして心がなえてしまったら、ちょっと上から目線になってみる

わざわざ心に波を立てない

「はあ？」「どうして？」「なんでそうなるの？」「意味分からない！」。

責任の擦《なす》り付け、無理な仕事の押し付け、突然の叱咤など、これまでにまったく訳も分からず誰かから理不尽な思いをさせられ（攻撃され）、心がなえてしまったという経験をされた方は大勢いることでしょう。

もしかしたら、今まさにそんな状況に直面しているという方もおられるかもしれません。

今後、そんな場面に直面したときの対処法の一つとして、次のようなことを実践してみてください。

攻撃してくる方には、「こいつはそういうことをする（言う）人だ」と相手にラベルを貼って、呆れた顔をして大きなため息を一つつき、あとは気に留めないようにしてみるのです。

相手へのそれ以上の感情や思考は無用です。

それよりも、もし理不尽に頼まれた仕事などがあれば「早く終わらせること」にエネルギーを傾注してください。その方が、きっと明るい未来に繋がります。

理不尽な攻撃をしてくる人というのは、基本的に変わっているか、性格がねじ曲がったような人です。そんな人はもう放っておいて大丈夫です。そのうち、その人は自滅します。

大切なのは、相手に仕返ししてやろうと奮起し、荒れた心をさらに波立たせないことです。仕返しを試みて奮起したところで、それは負のスパイラルにはまってしまうだけです。つまり、やられたら仕返しするというエンドレスな戦いの繰り返しです。そんなことに巻き込まれれば、あなたはさらに傷ついてしまいます。

何も自分から身を削りに行く必要はありません。

そういうときは、「ああ、かわいそうに。この人は私に嫌われた」「だからこの人はダメなんだ」というような、ちょっと上から目線の思いを持って、やり過ごしてください。

時間が解決してくれる

しかし、そうは言っても理不尽な攻撃を受けたその瞬間からしばらくは、気持ちがなえ、気分も悪く、イライラした感情が消えないでしょう。

それは自然のことです。周囲に愚痴を言うなり、好きな方法でストレスを発散してください。

ただ覚えておくべきことは、嫌な状態も一時的なものなので、ずっと続くことはありません。早ければ数分後、長くても一週間もすれば治まるものです。

少しあなた自身の過去を振り返ってみてください。これまでに同じような嫌な思いをしたことがあると思いますが、今でもそれを強く引きずっていますか？

人間は本当によくできていて、ある程度時間が経つと、嫌なことを忘れるか、嫌な過去を経験の一つとして処理します。

確かにそれまでは辛いかもしれませんが、極力相手のことを考えないようにすると、複雑な心の荒波も早く治まります。

生きていると、嫌なこともあれば嬉しいこともあります。片方が永続的に続くということはありません。理不尽な攻撃を受けてしまい、気持ちがなえてしまったら、なえた気持ちのあなたを大切にしてください。

そうしているうちに、気持ちはいつも通りに戻り、きっと気が付いたら嬉しいことに巡りあっているでしょう。

もし、あまりにも酷い攻撃の場合には、駆け込める場所や相談できる場所もたくさんあります。

例えば、精神的にも肉体的にも耐えられないというときがきたら、行政や労働組合などにも相談できます。実際にそこまではしないとしても、何らかの最終的な決断をする状況になった場合には、自分の方がはるかに優位なのだと思って、あなたらしく生活なさってください。

理不尽な攻撃を他人から受けたときこそ、なえている場合ではありません。できる限り強気でやりすごしましょう。すべては時間が解決してくれます。

無性にイライラするときは、素直に感情に任せてみる

無理に抑えつけない

どんな人にだって無性にイライラすることがあると思います。その理由がハッキリしている場合もあれば、理由が明確ではないこともあるでしょう。また、身体のバイオリズムが関係しているというときもあるでしょう。

そんなときは、節度ある範囲で素直にイライラして気持ちを発散してください。

人間は喜怒哀楽、いろいろな感情を持っています。ときとして喜び、笑い、悲しみ、怒る。この感情のサイクルをランダムに飛び回りながら生活しているのが私たちです。

イライラすることもこのサイクルの一つですから、イライラしてしまうのは自然なことなのです。

もちろん、できることならイライラしたくないという人が多いと思います。自ら好き好んでイライラしたい人など、滅多にいないはずです。しかし、人間は予期せずして、何かが引き金となってイライラしてしまうものなのです。これは、自分ではコントロールできるものではありません。ですから、イライラすることに対して特別な意識を向ける必要はないのです。

イライラするときは、素直にイライラしてください。

大事なことは、無理をしてそのイライラをあなたの中に押し込めようとしないことです。たいていの場合、イライラした感情を我慢して隠そうとすると思います。

公衆の面前などであれば、それは周囲のことを考えた必要な姿勢ですが、無理矢理イライラの感情を抑えつけて、何もないように取り繕おうとすることは、あなたのエネルギーを過剰に浪費してしまうのです。

人はイライラすること自体にエネルギーを使います。ということは、それを抑えようとすると、それ以上のエネルギーが必要になります。そしてほとんどの場合、結果的にはイライラの鎮火は失敗に終わり、さらにイライラの気持ちが増炎します。

無理に閉じ込めようとすると、かえってイライラが募ってしまうものなのです。いわば、火に油を注ぐようなものです。

イライラは隠せるものではない

そもそもあなたは、自分では気が付かないかもしれませんが、あなたが隠そうとしているイライラは、あなたがそのイライラを感知し、隠そうと試みた瞬間に、すでに周囲に伝わっています。

人間というのは面白いもので、気持ちと身体が繋がっており、表情、仕草、言動など、人のあらゆる表面・外面に反映され、雰囲気というものが醸《かも》し出されるようになっています。

いい例が、ある日自分の具合が悪いと、誰にも体調のことを言ってなくても、周囲の人から「顔青いよ」「大丈夫？」と声をかけられることがあります。逆に、いつもと様子が異なる周囲の人を心配して声をかける。こんなことはありませんか？

これと同じで、あなたのイライラは隠しているつもりでも、周囲にバレているのです。隠そうとするだけ無駄なあがきとなってしまいます。だから、イライラするときはイライラすればいいのです。

一人で部屋にいてイライラする分には、望むままに発散してください。しかし、周りに人がいる環境においては、できる限り周囲に迷惑をかけないように心がけましょう。

また、ときにはイライラして怒りのエネルギーを発散することも、本当は必要です。ストレスを溜め込んで、一気に爆発させて、混乱・疲弊するよりは、定期的に怒りのエネルギーを少しずつ抜いていく方が、精神的にも絶対に楽です。

ですからあなたは、周囲を気にして、いつも無理にニコニコしなくても大丈夫です。笑うときもあれば、イライラしたあなたがいたっていいのです。

リンパマッサージで老廃物を出すようなイメージを持ってみてください。イライラを吐き出すことがあなたにとって必要なことなのだと理解しましょう。

生きていたら何かとイライラはつきものです。イライラしない人なんていません。イライラすることを怖がらず、イライラもあなたの大事な一部だと思って受け止めてあげてみてはいかがでしょうか。

「自分はこんなこともできないのか」と、落ち込む必要なんてない

あなただけじゃない

ときとして「自分はこんなこともできないのか」と自分に不甲斐《ふがい》なさを感じ、落ち込んでしまうことがあると思います。肩を落とし、猫背になって、ため息の連続。最終的には自己嫌悪に陥ってしまうという方も多いのではないでしょうか。

しかし、何もそこまで落ち込む必要はまったくありません。「できないことはできない」でいいのです。特に気にすることはありません。ひょっとしたら、今回がたまたまできなかっただけのことかもしれません。

そもそも、あれもこれもできる器用な人というのは、そうはいません。何か一つできなくても、その分きっとあなたは別のことができているはずです。ある意味プラス・マイナスゼロです。

もしかしたら、あなたは別のことがたくさんできすぎているかもしれないので、一つ、二つできないことがあっても気にすることはありません。

中には、一つ、二つではなく、あれもこれもできないことが多すぎて悲しいという方もおられるかもしれませんが、それでもあなたは、他の人にはできないことを必ず持っているので自分にがっかりする必要などありません。

そもそも、完璧な人なんてこの世にはいません。ちょっと抜けているくらいの方が、周囲からも親しみやすいものです。完璧を求め過ぎてしまうと常に気を張っていなければならず、ものすごく疲れます。

誰にでもできること、できないことがあります。人は皆、他人には打ち明けられないコンプレックスなどを持っているものです。しかし、それを周囲に悟られないように上手に隠して生活しているのです。これは本当に疲れることです。

そんなに疲れることをするよりも、できないことはできないと明言したほうが楽ですし、周囲にとっても分かりやすく、仕事や何か頼みごとをする際に、逆に助かることだってあります。

決してあなただけに欠点があるのではないので、安心してください。誰もが欠点を持っているのです。なので過剰に落ち込む必要はありません。

落ち込む時間の有効利用

ここで、これまでと真逆のことを言いますが、実は落ち込むことは大切なことです。補足すると、落ち込む時間はあなたにとって有り難い機会にも成り得るということです。

どういうことかというと、確かに落ち込んだときは、気分もあまりよくなく、マイナスのことばかりを考えがちになりますが、静かにあなた自身を分析できる時間でもあるのです。

「自分は、こんなこともできないのか」「どうして?」というのは自問自答です。このステップは普段なかなか踏めないものです。むしろ多くの方が一番蔑《ないがし》ろにしていることではないでしょうか。
そういう意味では、そんな自分に足りないことを、目をつぶらずにきちんと意識しているあなた自身を、もっと褒めてあげるべきです。

日々の生活の中で物事がスムーズに進んでいると、ついつい調子に乗って、礼儀であったり、基本的なことを見落としがちになってしまうものです。しかし、落ち込むことで自問自答の時間が持て、立ち止まって自分を振り返ることができます。

こういう機会がないと人はなかなか自分の足元を確認できないので、いいタイミングだと思って、落ち込んだときは、その冷静な時間を有効利用してあげてください。

つまり、落ち込む機会が与えられるというのは、自分を振り返るときを伝えてくれる警鐘だと思ってください。

こう考えると、落ち込むことは悪いことではないと感じてきませんか？　誰にだって自己嫌悪で落ち込むことがあります。でも、それはそれで自分と向き合える貴重な時間だと思って、大切にしてみてください。

歩いては止まって休憩し、また歩き出す。歩き続けたら、誰もが疲れます。ましてや、走り続けてはなおさらです。

ときには、落ち込むあなたがあっていいのです。静かに休憩して、しばらくしたらまた歩きだしてみましょう。

悪いことが重なるときは、深刻に考えない

すべての物事は絶えず変化する

どことなく調子が悪く、自分にとって都合の悪いことが立て続けに起こってしまう経験をしたことのある方は、少なくないと思います。

一体自分が何をしたのか自問しても理由が分からず、その理由を周囲に探してみても、結局は負の連鎖の理由にたどり着けず、何もかもが嫌になってしまい、この世の終わりだと錯覚し、自暴自棄《じぼうじき》に走ってしまったという方も多いのではないでしょうか。

しかし、もうそんな思いをしなくても大丈夫です。どんなに悪いことが続いたとしても、こう思ってください。

「この負の連鎖は一時的なもの」

この世の「すべて」の物事は絶えず移り変わります。どんなことでも永遠に同じ状況が続くことはありません。ですから、あなたにとって不都合である状況も一時的なものであって、あなたを取り巻く状況は次第に変化していきます。だから安心してください。

同様に、実はあなたにとって好都合になる状況も次第に変化していきます。そういう意味で、「すべての物事は絶えず移り変わる」のです。

しかし、そうはいっても急に物事に変化が生じるわけではないので、悪いことが重なってしまって苦しいときは、ちょっとした期間の辛抱は必要になります。

それでも、この状況も変わるときには変わると思って、そこまで深刻に考えないようにしてください。

ましてや自暴自棄に走ることは、あなたの時間とエネルギーの無駄遣いになってしまいます。自分を責めたり、周囲を責めたりするのではなく、こういうこともあると思って我慢してください。

そして、今度は物事が上手くいくことが重なると思ってください。人生は凸凹《でこぼこ》道です。いいこともあれば悪いこともあります。

世界中の誰もがこの凸凹の登り下りを繰り返して生きているのです。これはあなただけではないのです。誰しも言わないだけで、人は皆いろいろと苦しい経験をしているのです。

忘れがちなこと

物事には、流れというものがあります。その流れを急に変えるのは、非常に難しいことです。なぜならば、流れというのは自分でつくり出しているものではなく、把握することなどできない無数の諸条件によって成り立っているものだからです。

ましてや、自分ですべてを把握してコントロールすることはできません。仮に自分で物事の流れをコントロールできるのであれば、誰もがずっと自分にとって都合のいいことが起こるようにするはずです。それができないから、人生は凸凹《でこぼこ》道なのです。

実際、流れをどうにか変えたいと思えば、多少はできるかもしれません。しかし、それは随分と遠い過去の自分の行為と深く向き合い、その時点からの反省と軌道修正をしてから今の行為を修正するという、かなりのエネルギーと気の遠くなるような時間と過程を要します。

それでもすべての流れを変えたり、真逆に方向転換するようなことは不可能なのです。

それよりは、現実として「すべて」の物事は絶えず移り変わっているのですから、その流れに身を任せておけばよいのです。

ただ、「すべて」の物事は変化し続けるということに関して、一つ大事なことがあります。それは、あなたの気持ちの変化も「すべて」に含まれるということです。

自分にとって不都合だと思っていた気持ちも変化します。

つまり、直面する現状だけではなく、自分の気持ちも変わるということです。

悪いことが続くと思ったとき、あなたにとって都合の悪い状況だけが変化するのではなく、その状況に対して生じるあなたの気持ちも変化していくのです。

だから大丈夫です。「すべて」の物事は変化するということだけを意識してください。

今の仕事が「自分に合っていない」と思うのは、実はいい兆候

どんな仕事にも一長一短がある

仕事をしていて、ふと「自分には今の仕事が合っていないかもしれない」と思うことはあると思います。

どれだけ仕事をしても結果は出ないし、面白味も感じない。そもそもやっている仕事は、自分のやりたい仕事ではないなど、今の仕事が自分に合っていないと思う理由はさまざまでしょう。

しかし、自分に対して疑問を抱くあなたの姿勢は、実は素晴らしいことなのです。なぜならば、多くの方がもう諦めている自己探求を、あなたは今でも実践されている証拠だからです。

多くの人は、いろいろな物事に見切りをつけて、本当に納得しているわけではないにもかかわらず、自分の中で無理矢理納得させ、ある意味、〝なあなあ〟な姿勢で物事をこなしています。

このような場合、「この仕事は自分に合っていないかも」というような疑問はもはや出てきません。

だからこそあなたの疑問は自分自身と真剣に向き合っている証拠なのです。

そして一生懸命仕事に取り組んだ結果でもあります。

是非とも、そんなあなたの姿勢を大事にしてください。

そのうえで、改めて考えていただきたいのですが、「自分に合う・合わない」ということはあまり気にしなくても大丈夫です。

どんな仕事にも楽しさもあれば、その反対の苦しさもあります。いわゆる一長一短です。この仕事、あの仕事なら「楽しみとやりがい」しかない、というようなことは実際には皆無です。

あらゆる仕事から学ぶべきものがあり、時間はかかるかもしれませんが、結果的にはあなたに合った仕事になります。

もうちょっと前向きに仕事に取り組んでいたら、ひょっとしたら「合わない」と思っていた仕事が「合う」仕事に転換し始めるかもしれません。ですから、焦ったり何か不安を感じることなく、今まで通り、前向きに仕事に取り組んでください。

どんな仕事もあなたの成長の糧

実は、どんな仕事であれ、あなたが携わっている仕事は、あなたを成長させてくれる尊いものです。

営業の外回り、企画書作成、請求書作成、領収書作成、収支報告書作成、鞄持ち、お茶出し、挨拶回り、車の運転手など、どんな仕事であっても学ぶべきものがあります。

中には「もうしたくない」と思うようなものもあると思います。しかし、そんな仕事でも真剣に取り組むと、意外な発見に遭遇したり、予想もしなかったことを学ぶことがあります。

せっかくなら「何か一つでも学んでやろう」というハングリー精神を持っていいと思います。同じ時間と労力をかけるのであれば、実りあるものにしたほうがいいに決まっています。

先ほど、「合わない」と思っていた仕事が「合う」仕事に転換し始めるかもしれないと書きましたが、これを別の言い方をするならば、「あなたが仕事に合わせるのではなく、仕事をあなたに合うようにさせる」ということです。

つまり、あなた色に染めてあげればいいのです。

そのために必要になるのがハングリー精神です。ただ、だからといって意識して無理にハングリー精神を持とうとする必要はありません。

なぜならば、実は「自分には今の仕事が合っていないかもしれない」と自己分析するあなたの姿勢こそが、ハングリー精神そのものだからです。

この領域まで来ているあなたは、あともう少しです。あともう一歩前に進めば、あなたには新しい境地が待っているはずです。

肩に力を入れることなく、今のままで普段通りに仕事をしてください。そして、もし本当にもう今の仕事が合わない、嫌だというのなら、それはそれで思いに身を任せて辞めればいいと思います。

一番大事なのは、あなたが自分に対して素直になり、「無理をしない」ことです。そんな観点から今の仕事を見てみると、また意外な発見があるかもしれません。

ぜひ、これを機会にご自身の仕事と真剣に向き合ってみてください。

「やる気」を失ったときこそ、逆に自分をほめてあげる

休憩を促す警鐘

何か物事に取り組んでいると、何らかがきっかけで、ふとやる気を失ってしまうことは誰しもあると思います。徐々にやる気が失われていくこともあれば、急にやる気を失ってしまうこともあるでしょう。

やる気を失う原因には、周囲の人から何かを言われたり、何かをされたなどの外的な要因もあれば、自分が取り組んでいる物事に飽きたなどの、自分

自身の気分に由来する内的な要因など、さまざまでしょう。

そんなとき、どうにかしてやる気を取り戻そうと、あれこれ試行錯誤し、もがき苦しみながら何とか物事を完了させるという人が多いと思います。

逆に、人によっては、一度失われたやる気をもう一度追い求めることはせず、気持ちに身を委《ゆだ》ねて途中で物事をやめてしまう方もいるでしょう。

これは、一見問題が解決したかのように見えますが、実は内心では何となく物事を途中で投げ出してしまったことへの後悔の念により、もやもやした気持ちに整理がつかず、落ち着かなかったりするものです。

しかし、もう無理に頑張らなくて大丈夫です。そして、何も気にする必要もありません。

「もういいや」とやる気を失ってしまったとき、一番に理解すべきことは、やる気を失ってしまうことは決して悪いことではないということです。むしろ、実はそんなときこそ、あなたを褒めてあげるときなのです。

なぜならば、やる気を失うということは、それまでやる気があったということだからです。きっと短期的ないし長期的に、物事に取り組んで頑張っておられたことでしょう。

もしかすると、「今からやろう」と意気込んでいたら出鼻をくじかれたという方もおられるでしょうが、それでも一度はやる気を出して取り組もうとした姿勢は称賛されるべきです。

これまで取り組んできた物事へのやる気を失うことは、別の言い方をすると、頑張り過ぎていたあなたに少し休憩が必要だと告げる警鐘となります。

きっと、気が付かないうちに心身に無理な負担をかけていたという面もあるでしょう。やる気が失われたときこそ、これまで頑張った自分を褒めて保養してあげてください。

コントロールできないものもある

そもそもやる気を出すということ自体、自分自身でコントロールできるものではありません。同様にやる気を失うということも、コントロールできるものではありません。

やる気というのは、自然の流れでやって来ては去っていくものです。それを無理に掴もうとするのは、そもそも不可能を可能にしようと、エネルギーを浪費していることと同じなのです。

水の流れに反して泳げばそれを超えるエネルギーがないと前に進めないように、自然の流れに逆らおうとすれば、それだけのエネルギーが必要になります。

そうでなく、自然の流れにあなたの気持ちを乗せてあげればよいのです。

人の気持ちというのは、非常に流動的かつ一時的なものです。あるときは喜びの絶頂、またあるときは苦しみの地獄の真只中というように、いろいろな感情を次から次へとジャンプし続けているのが私たち人間です。

やる気というのも同じで、出るときもあれば、出ないときもあります。やる気が出ないときは出ないでいいのです。

場合によっては、周囲の励ましやその反対の批判などの外的な要因によって、気持ちを揺さぶられることもあるでしょう。でもそれはあなたが悪いのではなく、周囲が要因になります。

それであなたのやる気が失われたのであれば、間違いなくあなたには何も問題ありません。周囲が悪いと考えるべきです。

あなたは何も動じる必要はないのです。

そう、あなたは素直に自分の気持ちに身を任せて生活すればいいのです。しかるべきときにやる気は起きもし、失われもします。

何も心配せず、楽に日々を過ごしてください。

心がザワついて、妙に落ち着かないときがあるのは自然なこと

実は大切な能力

頻繁にはないことですが、人には何かよからぬことが起きそうな予感がしたり、不安や心配が募ってジッとしていられず、落ち着きを保てないときがあると思います。

これを「心がザワつく」とよく言いますが、そんなときは言葉ではなかなか表現できないような、何か嫌な感覚に包まれると思います。

誰もができれば避けたい状態だとは思いますが、実はそのザワつきは重要なものなのです。是非とも、大切に受け止めてあげてください。

何か嫌な予感がするという感覚、不安や心配に駆られることは、別の言い方をするならば、石橋を叩いているのです。

例えば、ザワつきによって、自分の判断を見直したり、これまで脇目もふらずに突っ走って物事に取り組んでいた自分を立ち止まらせ、自分を振り返らせたり、自分の足元の確認をすることができるのです。

ザワつきの多い人というのは、いろいろなことを深遠に考えることのできる、素晴らしい能力の持ち主なのです。

その結果、実は大きな失敗が少ないはずです。これは誰もが羨《うらや》むことです。

心がザワついたときというのは、それは内なるあなたの感覚、いわゆる「本能」があなた自身に「慎重になるように」と伝えてくれているのです。ですから、目を背けるのではなく、その伝言を素直に受け取りましょう。心がザワつくことでいたずらに混乱したり不安を抱く必要はありません。

心のザワつきを感じたら、まずそのザワつきを受け止めます。そして、静かな場所に移り、何が不安なのか自分自身に問いかけ、一つひとつ紐解《ひもと》いていくのです。

そうすると、自然とザワつきは治まっていきます。大丈夫です、これは一時的なことです。しばらくすれば、ザワつきは治まります。

ザワつきが治まったら、また新たな思いで物事を再開すればよいのです。

ザワつかないのは逆に危険

人間はもともと視覚、聴覚、触覚、味覚、嗅覚の五感に加え、これらを超える何かを感じ取る感覚を所持していると言われています。これは「第六感」と呼ばれています。

この「第六感」は、よく霊を見たりする何か超能力的なものとして理解されがちですが、ひと言で表現すれば「直感」となります。

これまでのさまざまな経験や得た知識から培《つちか》われた感覚が、無意識かつ瞬時にいろいろな判断と予測を生み出すのです。

今日のような科学技術がなかった時代、人間は皆この感覚を研《と》ぎ澄《す》ませながら生活しなければ、生き抜くことはできませんでした。それこそ頼りになるのは、経験と知恵です。「年の功」といった言い方もできるかもしれません。

しかし、科学技術の発展と反比例して人間に備わっていた能力は少しずつ衰えていく側面も出てきました。

例えば、私たち人間は文字を手で書かなくなって久しいですが、私たちがいざ漢字を書くとなると、昔なら覚えていたものを思い出せなくて、書けないようなことがあると思います。

これは、パソコンやその他多くのテクノロジーの発展によって、人間が本来持っていた機能が衰えつつあることを証明していると言えます。

このような今日の状況下、ザワつくという感覚をきちんと持っていることは素晴らしいことです。是非とも大切にし、その感覚に自信を持ってください。

問題なのは、心がザワつかないという人です。それは、危険察知能力が低下しているということでもあります。別の言い方をすると、がさつな性格になってしまいがちということです。

心がザワついたときは、あなたの本能があなたに何かを伝えようとしているサインです。落ち着いてそのサインを受け取ってあげてください。そうすればいつも通りのあなたに戻れることでしょう。

他人を叱って後悔するのは、尊い優しさのあらわれ

叱ることは尊いこと

人にはときとして、誰かを叱らなければならない場面があります。その叱るという行為は、家族、職場、交友関係など、いろいろな理由とケースで生じることでしょう。

しかし、叱った後に「すっきりした」「気持ちがいい」「せいせいした」などの思いを持って、気分爽快になる人はそうそういないと思います。もしそのような人がいたとしたら、その人は変なストレス発散癖の持ち主でしかありません。

その場合、叱ったという行為は相手からはただの理不尽な攻撃か嫌がらせとしか受け取られないでしょう。

結果的には相手を傷つけてしまい、関係が複雑なものになってしまうことは想像がつくと思います。最悪、仕返しが来ることにも繋がります。

叱ったという行為にも前述の例のような悪いものもあれば、逆にいいものもあります。そして、そのどちらかであるかを判断する一つの基準があります。

実は、それが叱った人の後悔の気持ちです。

人を叱った後に後悔するからこそ、その叱るという行為が相手のことを思っての行為、愛ある行為として正当化されるのです。

そしてその正当性は、相手にはすぐには理解されない場合もありますが、やがては理解され、受け止めてもらえるはずです。

他人を叱って後悔の思いを持つということは、あなたが優しい気持ちの持ち主だという証拠です。

一般的には、誰も好き好んで他人を叱るということはないと思います。特に今日では、叱ると物事が炎上し、逆効果ということが多い状況です。

また、自分は嫌われたくないというような理由から、叱るという「人から嫌がられる行為」をしない人も多いと思います。

そんな中、いろいろと考えたうえで「叱る」という決断をされたあなたは、本当に尊いと思います。

叱った後の後悔こそが、あなたの優しさです。後悔の思いを嫌なものとせず、むしろ大切にしてあげてください。

叱ることができたら優しくもできる

そして、さらに大切なことがあります。それは叱った後のあなたの姿勢と態度です。叱った後は、どうしても相手との間に気まずい雰囲気が漂い、話しにくくなってしまったり、できるだけ距離をとってしまいがちになると思います。

これはごく自然なことです。そのときは自分が負担を感じない程度、もしくは楽だと思う範囲で行動してみてください。

無理をして関係を繕おうとする必要はありません。なぜならば遅かれ早かれ、よほどのことがない限り、その気まずい雰囲気は時間の経過とともに変化し、気がつけば消えているものだからです。

しかし、もしそんな気まずい雰囲気を一刻も早く改善したいと思う方がいらしたら、そのときは次のことを考えてください。

「叱る優しさがあれば、また普通に接する優しさもある」ということです。

これに関しては、ちょっとした勇気が必要になります。まず、そもそも人を叱ったあなたの後悔は、優しさでしかないということを認識してください。

そしてそんな優しさと叱るという行為をした勇気を持っているならば、いつもと同じような感じで相手に接することもできると思うのです。

ポイントは、叱るという行為は勇気と優しさであるという「発想の転換」

だということです。

この、叱るという勇気と優しさのある行為をしたことについて自信を持って、いつものように、叱った相手にも、また周りの人々にも接してみてください。

そうすることによって、あなたの後悔の気持ちは薄れ、気がつけば完全にどこかへ流れてしまっているでしょう。

そしてこのことに気が付いたときには、相手との新しい関係が構築されているのです。

「雨降って地固まる」という諺《ことわざ》があります。叱るということも、大切な関係を構築するには必要な条件なのです。

他人に自分を否定されたとき、心を穏やかに保つ方法

嫌な気持ちもあなたの一部

シチュエーションは十人十色ですが、誰にでも他人から自分を否定されたことがあると思います。そんなとき、嫌な気持ちにならない人などいないことでしょう。

「意味が分からない」「頭にくる」「ムカつく」など、挙げればキリがないほどの不平不満の心の声が刺々《とげとげ》しい言葉となって次から次へと心の中にうずまき、心中穏やかではいられないのが普通のはずです。

そんなときは、無理に自分の気持ちを抑えつけて平然としようとはせずに、人目に付かないところで隠れて嫌な気持ちに身を任せて発散してください。気の許せる仲間に相談するなり、愚痴を言うなり、その方法はさまざまでしょう。一人で抱え込んで我慢しようとすると、逆にストレスが溜まって辛さが増してしまいます。

ストレスを溜めないように、あからさまに態度に出すのも問題なので、周囲に悪影響を与えないことを念頭において発散してあげてください。

しかし、ここで目を向けるべきところは、この嫌な気持ちをどうにかしたい、落ち着かせたいと思って悩むあなたの姿勢です。

これはとっても素晴らしいことです。なぜならば、悩むということは、周囲のことを考え、今後いろいろなことに支障がでないように、どうにか気持ちの整理をしようと試行錯誤されている証拠だからです。

これは、別の言い方をすれば、真摯《しんし》に自分と向き合っているということです。


でも、もうそんなにストイックになって、自分に負担をかけて、辛い思いをする必要はありません。

誰だって否定をされれば、嫌な気持ちになります。そして、誰だってその嫌な気持ちをどこかにぶつけたり、発散しているものです。

皆、それを上手に他人には分からないようにしているのです。それこそ、あなたがどうにかして自分の嫌な気持ちの整理をつけ、自分の外側へ出さないようにと必死になっているのと同じです。

普段の穏やかな気持ちもそうですが、穏やかではいられない気持ちもあなたの一部なのです。どうか、すべての自分の気持ちを大切にしてあげてください。

否定のルール

実は「他人を否定する」ということには、基本的にはルールがあります。そのルールとは、「否定するのは他人の意見や考え方に限定される」ということです。

意見や考え方を否定されたのであれば、それは仕方のないことです。人それぞれ異なる意見や考え方があるので、ときにはぶつかることも当然あります。

しかし、そのぶつかり合いや異論によって一人では思いつかなかったいいアイディアが生まれたり、新たな発見をすることもあるでしょう。

ただし、万が一、あなたの意見や考え方ではなく、あなたという「存在」「人間」が否定された場合、それはルール違反です。これは人としてやってはいけないことです。

もしそのような人がいたら、異なる次元に住む人だと思ってあきらめて縁を切ることです。事情によりどうしても付き合いをしなければならない場合は、最低限のお付き合いに限定するべきでしょう。

相手を否定するということにもルールがあるのです。ルールを守らない人の話など、聞く必要はありません。

そんな常識に欠けた人の言葉に耳を傾け、あなたが苦しい思いをする必要はないのです。

今後、何かを「否定された」と思ったときは、相手があなたの意見や考え方を否定しているのか、それともあなたの「存在」や「人間」を否定しているのか吟味してみてください。

前者であれば、これは仕方のないことだと思い、少し安心できるはずです。結果的に気持ちは落ち着きに結び付くことでしょう。

しかし、後者であるならば、その人のことは無視してください。そんな人に対して、目や耳を向けるだけあなたの時間がもったいないことになります。

特に何かを思うことなどありません。嫌な気持ちのときは、素直に嫌な気持ちを受け止めてあげてください。それも大切な「あなた自身」なのです。

「自分は評価されてない」と不満に思うのは、影で努力している証拠

―不満は影の努力のバロメーター―

私たちは日々、さまざまな場面で評価を受けて生活をしています。その評価も多種多様で、友人をはじめとする周囲の方々からの評判、職場での昇級やボーナスの査定、上司や同僚から信頼されて依頼される仕事など、挙げればきりがないことでしょう。

そして、その中には自分が予想や期待していた評価とは異なることもあります。その場合、不満に感じることもあると思います。
「あれ、評価されていない」「そんな風に思われていたんだ」「分かってないな」など、複雑な気持ちになることでしょう。

そんなときは、評価する相手にあなたを見る目がなかったと思ってあきらめてください。それはあなたが問題なのではなく、あくまでも相手の評価の仕方や物の見方・考え方が問題なのです。

しかし、そもそもなぜ評価に不満を感じるか冷静に考えてみると、それは結果としては表には出てこないあなたの影の努力や懸命さが評価されていないからではないでしょうか。
それが火種となり、正当に評価されていないという不満の心に火がつき、炎上していくのです。

ここで重要な視点があります。それは、評価に対して不満に思うのは、人目に付かないところであなたが努力し、物事に懸命に取り組んだ証拠だということです。

よって、実は不満を持つことは大切なことなのです。評価に不満を持つほど必死に取り組んだと自負できるあなたは、褒められるべきなのです。

ですから他人から評価されなかったとしても、不満を感じるほど頑張ったあなたを、自分自身で褒めてあげてください。他人にはあなたのことをすべて知り、理解することはできません。

あなたのことは、あなた自身が一番分かっているはずです。むしろ、あなたにしか分からないことばかりです。

ですから他人から評価されない分、評価してもらいたかったことを思いながら、頑張ったあなたを自分自身で労《ねぎら》ってあげてください。

満足より不満を持つくらいの方がいい

実は、評価に不満を持つということにおいて、もう一つ大切な視点があります。それは、評価を不満に思う結果に到るということは、日々の生活におけるあなたの謙虚な姿勢の賜《たまもの》だということです。

基本的には他人からの評価の判断基準は、ほとんどが結果・数字という表面的な部分でしかありません。

もし評価に満足している人がいるとしたら、それは逆に言うと日々の生活の節々で「私はやりましたよ」「私はやっていますよ」というアピールが色濃く現れているということです。

それは、外から見ればあまり気持ちのいいものではありません。しかし、目立ってしまう分、内容がどういうものであれ、評価する人の目にも留まってしまうのでしょう。また、評価もしやすいでしょう。

もしあなたが評価に満足したいということであれば、ガツガツした生活スタイルに切り替えることをおすすめしますが、あなたはそんなことまでして評価をされ、満足感を得たいとは思わないはずです。

評価に不満を持ってしまうくらい、日々やるべきことに謙虚な姿勢で取り組んでいるあなたが求めているのは、結果や数字ではなく、きっと影でコツコツ仕事をしたり、苦手なことを克服した部分だと思うからです。

そんなあなたの姿勢は非常に尊く、周りから見ていてもさわやかで、気持ちのよいものだと思います。これまでと変わらないあなたが一番です。

そして、今すぐではないにしろ、あなたをきちんと評価してくれている人が現れる日が来るはずです。もしかすると、もうすでに評価してくれている人がいるのかもしれません。

しかし、他人というのはなかなか期待には応えてくれないものです。

だからこそ、あなたのことを一番よく知っているあなた自身が、頑張ったあなたを褒めてあげてください。

評価への不満は、実はあなたの勲章だと思って受け止めてみましょう。

「仕事に行きたくない」と思うのは、あなたが真面目だから

無理をしてでも仕事に行く自分を褒めてあげる

気分が乗らなかったり、職場に会いたくない人がいたり、前日に大きな仕事のミスをして上司や同僚に合わせる顔がないなど、事情は何であるにしろ、仕事に行きたくないと思うことは誰にでもあることでしょう。

むしろ毎日「仕事に行きたい」と出勤を待ち焦がれている人は、あまりいないと思います。誰もが「眠い」「だるい」「面倒臭い」など、ブツブツ言いながらも準備をして出勤しているのが現実でしょう。

しかし、稀に心の底から本当に「仕事に行きたくない」と思うような事態もあると思います。


そんな事態も含め、「仕事に行きたくない」と思ったときは、まずはそうは思いながらも頑張って仕事に行こうとする自分を褒めてあげてください。

なぜならば「仕事へ行かない」という選択肢もある中、心はグラつきながらもその選択をすることなく、頑張って仕事へ行こうとしているからです。

そんなあなたの勇敢な姿は称賛されるべきです。


逃げようとする人は、嫌なことと闘おうとすることで悩むのではなく、仕事を休む口実をつくるという、別のことで悩むことになります。そういう方は、空想の中で親族を何人も亡くしているはずです（笑）。

しかも、ある程度大人になった人が「本当に仕事に行きたくない」と思うというのは、よほどのことです。そのよほどの理由があるにもかかわらず、嫌な気持ちを我慢してどうにか出勤しようとされている姿は、私なら応援したくなります。

これは、あなたの真面目さを反映していると同時に、嫌なことに立ち向かっている勇敢な姿です。そんな「頑張るあなた自身」を自分で褒めてあげてください。

乗り越えた先にあること

冷静になって考えてみると「仕事に行きたくない」と思い悩むということ

は、もう出勤することを自分で決めている証拠ではないでしょうか。

そうであるならば、「仕事に行きたくない」と思う心を少しでも落ち着かせ、出勤の準備にスムーズに行動に移させる術を学ぶと楽になります。

その術の一つに、心の持ちようがあります。これは特に難しいことではなく、自分にこう暗示をかけるのです。

「今日は仕事ではなく、遊びに行く」

これは決して周囲に公言せず、あくまでもあなたの心の中で呟くことで留めておく必要がありますが、心持ちを「仕事へ行く」から「遊びに行く」に切り替えるのです。

実際、マイナスな思いを持って職場に行くと、ルーティンワークだけであれば、それをこなすだけで時間は過ぎ、定時を迎えることができます。しかし、例えばクリエイティブな能力を必要とする仕事の場合は、マイナスの気持ちを引きずっていると何も手に付かないこともあります。それでは、いくら頑張って仕事に行っても、実際は仕事にならないでしょう。

それならば割り切って「今日は仕事をしない日」、言い換えれば「仕事をしているフリをする日」だと思ってしまえばいいのです。

机の整理、資料の整理、パソコンのメールやファイルの整理など、こんなときにしかできない作業もあるはずです。これも立派な仕事です。

毎日やる気を持ってバリバリ仕事をすることはできません。ときには手を抜いたり、肩の力を抜いたりすることも必要なのです。

多くの人は、「仕事があって、自分がある」と思っているでしょうが、基本的にはその逆で「自分があって、仕事がある」のです。構造上は、仕事よりも「自分」が優位に立っているということです。

本当に「仕事に行きたくない」と思ったら、心持ちのスイッチを切り替えてあげてください。そうすれば、少しは出勤準備のスピードもアップすると思います。

たいていの場合、一日も経てば気持ちは切り替わっているものです。どうにか心持ちの切り替えで、その一日を乗り切ってください。そして、また翌日には今度は「仕事をしに行く」という新たな気持ちで出勤すればよいのです。

「仕事に行きたくない」と思うのは仕事をしている限り付きものです。気持ちを上手に扱ってあげてください。

素直に「ごめん」と謝れないときは、行動で示せばいい

謝れないのは悪いことではない

いかなるときでも素直に「ごめん」と言えたら、どんなに楽でしょうか。
これは誰もが一度は思ったことがあるでしょう。

親子ゲンカや兄弟（姉妹）ゲンカをはじめ、いろいろな事情があるにせよ、何か自分に非があるけれど、なかなか「ごめん」と言えないことはよくあることだと思います。

自分に非があることに対して、何事にも「ごめん」と素直に謝る。子どものときにはできていても、大人になるにつれてなかなかできなくなってしまったと感じている方も多いのではないかと思います。

もしこうした問題でモヤモヤ悩んでいる方がいるのであれば、もう悩まなくても大丈夫です。あなたは、その「謝りたい」と思っている気持ちを持っているだけで十分なのです。

まずは、その気持ちを持っている自分自身を大切にしてあげてください。

これこそが、あなたの優しさと誠実さなのです。

しかし、子どもの頃は何の抵抗もなく謝れていたことが、どうして大人になるとなかなかできなくなってしまうのか、不思議に思う人もいるでしょう。

その理由は簡単です。それは、子どもの頃のあなたと今のあなたとでは、さまざまなことを経験して培ってきた判断力が違います。これは経験値とも言い換えることができますが、さらに別の表現をすればプライドです。

このプライドは、その人にとっての勲章でもあるので、他者の意見を素直に受け止めるのを拒んでしまう原因にもなります。

なかには、自分の非を認めず、反論する姿勢をとる方もいるでしょう。それは一見頑固と受け取られがちですが、逆を言うと「守るべきものがあるほどのことを必死にやってきた証拠」でもあるのです。

もちろん頑《かたく》なに自分の意見に固執する必要はありませんが、頑固さというのは、基本的にはある程度は必要なものです。

だからこそ、謝れないことで悩んでいるというのは、実はとても素晴らしいことなのです。なぜならば、それはあなたが大事なプライドや勲章を一旦忘れ、自分の非、いわゆる未熟さを認めるという、勇気が必要な行為をしていることになるからです。

どうかそんな勇敢なあなたに拍手を贈ってあげてください。

――「ごめん」という言葉を伝えるだけが、謝ることではない

しかし、どうしても謝りたいという気持ちがおさまらず、モヤモヤするという方もいるでしょう。

そんな方にお伝えしたいのは、「ごめん」という言葉を伝えるだけが謝る方法ではないということです。つまり、口で謝罪の言葉を並べるのではなく、

行動で表すということです。

謝罪の気持ちを持って行動したり、相手と接したりしていると、その気持ちは自然と伝わります。これはあなたの気持ちが行為というカタチとなって、相手や周囲に触れていくからです。相手や周囲の人々は不思議とそれを感じ取り、あなたを受け止めていくものです。

つまり、あなたのさまざまな振る舞いや言動が「ごめん」という気持ちとなって伝わるのです。そうこうする中でポロッと口から「ごめん」という言葉が落ちることもあるでしょう。

何も「ごめん」と口にすることだけが、謝罪の方法という訳ではないことを知ってください。

謝りたくても謝れないとモヤモヤした時間を過ごすよりも、申し訳ないという気持ちを行動で示そうと前向きに時間を過ごしたほうが、よほどあなたの時間とエネルギーの有効利用になります。また、その姿勢は謝りたい相手や周囲にも、きっと肯定的に受け止められるでしょう。

もう一つ大事なことは、あなただけが大人なのではなく、周囲の人々も同じ大人だということです。

つまり、あなたと同様、謝りたくても謝れない状況は体験として知っているはずです。ですから、あなたが気持ちを切り替えようとしているその姿は、あなたの「ごめん」の気持ちだと多くの人が理解してくれるはずです。

大切なのは、相手に対して非を認め、謝りたいという気持ちを持つことです。そんな、今のあなたの誠実さをどうか大切にしてください。

「なんか淋しい」と孤独に苛まれるときは、自分と対話するいい機会

気持ちをかき消そうとしなくていい

よく分からないけれど、ふと「なんか淋しい」と孤独感に苛まれたことがあるという方は少なくないと思います。

夜遅く、疲れて電車やバスに揺られて帰宅する途中など、心当たりのある方は多いのではないでしょうか。

特に日曜日の夕方など、一人で部屋にいて、窓から差し込む夕暮れの光や夕陽を見たりすると、何故か孤独感にからめとられてしまうこともあるでしょう。

もし今「なんか淋しい」と思っていたら、もしくは今後このような感情を持ったときは、「素の自分と向き合えた」と思って、その時間を大切にしてください。

実は、この時間は自分と静かに対話ができる貴重な時間なのです。ですから、「なんか淋しい」と感じてしまう理由を考えて、どうにか対処しようとするのではなく、その感情をただ受け止めてあげてください。

この感情は決して悪いものではないので、悪く捉えないようにしてください。

実は、誰もがこの「なんか淋しい」という気持ちとともに生活しています。

しかし、私たちは、日常生活の中で毎日さまざまなことに追われています。

その結果、そう簡単には対処できない気持ちを心の隅に置いて、目の前にある自分に課せられたことをこなしていきます。

　すると、それでアップアップになってしまい、「なんか淋しい」という気持ちは置き去りになります。きっとそんな感情に苛まれる余裕もないくらい、さまざまなことを考え、物事をこなしているのが私たちの日常のはずです。


　ただし、だからといって「なんか淋しい」という気持ちがなくなったわけではありません。この気持ちは、普段は忙しさで抑え付けられていたり、向き合う余裕がないだけで、肩の力が抜けたときや遠くに追いやっている圧力が衰えたときに、ふと出没してくるものなのです。

　それこそ、冒頭で挙げた事例のような状況のときです。

誰もこの「なんか淋しい」という気持ちを切り取ることはできないのです。

ですから、この気持ちが出てきたときは、無理にどうにか隠そうとかごまかすのではなく、その思いに浸り、自分と向き合う静かな時間にしてみてください。

実は、みんな同じ

「なんか淋しい」と孤独感に苛まれたとき、もし安心したいと思うならば、周囲の人も同じように孤独感を持っていると考えてください。あなただけが孤独感を持っているのではなく、あなたの家族、友人、周囲の人、そして世界中の誰もがこのような孤独感を持っているのです。

ただ、それを強く意識する人もいれば、意識しない人もいるというだけです。孤独感というのは誰もが持っているものなのです。安心してください。

人は皆、いろいろな出来事を体験し、それに伴った感情をもって生活しています。ただそれを、周囲には見せないだけなのです。それは、あなたが一番よく分かっていることではないでしょうか。

むやみに自分のことを一から十まで全部さらけ出して、他人に話すという人はそうそういません。誰もが少しでも体裁をよくしようとするものです。

外見しか見えない以上、どうしても表面だけでしか物事の認識や判断ができないのが私たちです。一番いい例が、何かの試験会場で、周囲を見渡すと、みんな賢く見えてしまうのと同じです。

しかし実際は、みんな緊張して心臓がバクバクという感じです。この状況と同様、蓋をあけてみればみんな同じなのです。

孤独感に苛まれたときは、この安心を持って、普段なかなか考えられない自分自身のことを静かに考えてみてください。

今後の自分の人生の方向性など、普段は目をそらしていたり、考えるのを避けているようなことを、深く思慮できるチャンスなのです。

ときにはこういった孤独の時間に浸ってみるのもいいものです。すると、不思議とまた新たな活力も湧いてくることでしょう。

眠れない夜があるのは、あなたが繊細で思慮深い証明

「眠れない」と焦らなくても大丈夫

いつもはぐっすり眠れるのに、ある日、なぜか急に眠れなくなってしまったという経験は、誰しも一度はあるのではないでしょうか。

人によっては慢性的に眠れない、寝つきが悪い、眠りが浅いなど、睡眠に対してお悩みをお持ちの方もいらっしゃるでしょう。

身体は疲れているのに眠れず、翌朝からの仕事のことなどを考えると、どうにかして眠らなければならないと焦りを感じたり、イライラしたりして結局は余計に眠れなくなってしまうというのがよくあるケースだと思います。

これは、ある意味では負のスパイラルです。

しかし、そんな負のスパイラルを抜け出す方法が一つだけあります。それは無理に眠ろうとせず、身体を横にして休もうという気持ちでいることです。

意識を失い、気がついたら朝になっていたということでなければ、身体を休めたことにならないと思い込んでいる方がよくいますが、そういうわけではないのです。

実は私たちの身体は、目を閉じて横になっているだけでも十分休めているのです。

ですから横になって何もしないだけでも、十分体力の回復は図れます。眠れないからといって変に気負うのではなく、ただ目を閉じて身体を横にし、じっとしていればよいのです。

こういうことは誰にでもあります。おかしいことではなく、たまにある生理現象ですから、心配はいりません。

仮にそれでも落ち着かない場合は、一旦起き上がり、また眠くなったらベッドなり布団なりに戻って横になればよいでしょう。

知り合いのお医者さんにお聞きしましたが、そのときはスマートフォンやタブレットなどの電子端末などに触らないほうがいいようです。

これらは強い光を発しており、脳に刺激が与えられることで、かえって眠れなくなってしまうとのことです。いろいろな過ごし方があるでしょうが、光の弱い環境であまり脳を使わないようなことをしながら時間を過ごしてみてください。

要は心の持ちようですが、意識は失っていなくても、目を閉じて身体を横にしていることも睡眠だと思ってみるとよいでしょう。

繊細さと思慮深さの証明

眠れない理由は、生理的な要因もあれば、精神的な要因ということもあるでしょう。

例えば、翌日の仕事の心配、今日起こった嫌なことが忘れられないなど、何かしらの心配事や不安に起因していることもあると思います。

実はこれ、あなたの繊細さと思慮深さを意味しているのです。いろいろなことを、さまざまな方面から真剣に考えておられる証拠です。
眠れなくなるくらいに物事を考えたり、心配するあなたをいい意味で特別視してあげてください。これは誰しもができることではありません。

人によっては、何かを心配することや物事を考えることで眠れなくなったことがないと言う方もおられます。もちろん快眠できるに越したことはありませんが、このような方はすべてを楽観視し過ぎている傾向もあり、ときとして、大きな失敗や過ちを犯してしまう可能性があります。
別の言い方をすれば、ちょっとしたことで心がグラついて崩れてしまう可能性があり、非常に不安定な状態とも言えます。

しかし、繊細さと思慮深さを持つ方は、地道にいろいろと考え、予測し、それらの対処法を蓄積していきます。

その結果、ちょっとやそっとでは崩れない頑丈な心の土台が構築されます。これは生活するうえでもとても心強いものなのです。

だから自信を持ってください。そして、その心配や不安な思いもずっと続くわけではないので、いつか消えるものだと思って肩の力を抜いてください。

精神的なことで眠れない場合は、あなたは繊細さと思慮深さをもっているということに意識を向けましょう。

また、この不安も「気がつけば消えている」という思いを持って、目を閉じて身体を横にして時間を過ごせばいいのです。

眠れないときこそ、楽観視して自分と対話するいい機会だと覚えておいてください。

「自分らしく生きられていない」と思うのは、強く優しい人である証

本当の強さ

家事、仕事、付き合いなど、いろいろなことに追われて日々を過ごしていると、右往左往と振り回されてしまい、結果的に本心とは裏腹な行動をとってしまうことはないでしょうか。

例えば、面白くないことを言われても笑ったり、まったく好まない状況であっても無理をして笑顔で対応したり。または、大丈夫ではないときでも大丈夫と言ったり。

嫌なことでも嫌とは言えず、自分に嘘をつき、本音とは正反対のことをしてしまうことは誰にでもあると思います。むしろ、日常が忙しいとスピードも求められますし、自分の意志や行動を一つひとつ確認する余裕もないので、結果的には何でも蔑ろにせざるを得ないということもあるでしょう。

しかし、ふと忙しさから落ち着きを取り戻したとき、自然と口に出してしまいそうな思いに「自分らしくない」「本当の自分ではない」「こんなはずではなかった」「疲れた」というようなものがあるのではないでしょうか。

すると、「自分には強い芯がない」「すぐブレてしまう」と自分をあたかも意志の弱い人間だとレッテルを貼り、自分で自分を責めてしまう方もいるでしょう。しかし、実はそういう人ほど弱い人間ではないのです。むしろその反対で、強く優しい人なのです。

意図的ではなく、つい自分の置かれている状況の中で本音とは正反対のことをしてしまうということは、マイナスなことではなく、自分の柔軟さとしてプラスに受け取ってください。

なぜならば、これは周囲に気配りのできる素晴らしい力でもあるからです。

無意識にいろいろな状況判断や予測を立てて、自分の意とは反しても周囲と調和を保つ行動をとっているのです。自分の気持ちよりも、周囲のことを優先して考えることができるという優しい心の持ち主の証拠です。これこそが本当の強さなのです。

「自分らしさ」は流動的なもの

どんな状況でも徹底的に自分の意志を貫こうとすれば、どうしても周囲との関係に角が立ちます。自分の意志に固執することを強さとは言いません。

もちろん、ときとして自分の意志や正義を貫くことが必要なこともあります。「ゆずれないもの」は誰にでもあることでしょう。

しかし、その「ゆずれないもの」というのはそこまで数が多くはないはずです。もし多いという方がおられれば、それは「ゆずりたくないもの」です。別の表現をすれば、自分のワガママでしかありません。

基本的には世の中は自分の思い通りになるということはあまりないはずです。これは、普遍の真理であり法則です。

たとえるなら、風の流れのようなもので、それに逆らって進もうとすると、余計にエネルギーも必要になります。
風の勢いが強ければ、自分の思い通りに進めないことに不満が生じ、散々あがいて前に進もうとした結果、力尽きて諦めざるを得ないということにもなるでしょう。

しかしだからといって、自然の流れという名の周囲に身を任せるのは怖かったり、辛いこともあって勇気がいることだと思います。
だからこそ、それができる人は強いと言えるのです。

そして最後に、そもそも私たちが思っている自分というものも、思い通りにできないものです。言い換えると、自分と思っている自分の実体はないということです。

これは、タイミング・場所・状況によって流動的に変化します。

その意味では「自分らしく生きられていない」と思っても、実はそれが私たちの本当の姿であり、ちゃんと自分らしく生きられているということになるのです。

ですから、あまり自分らしさというものにこだわらず、自然体で今まで通りの生活を心がければいいのです。自分の生活の仕方に不安を覚えたり、辛さを感じたときは、立ち止まって、「実は自分は強いんだ」ということを再確認するときなのです。

極端に自己嫌悪に陥ったときは、自分の両面を見直してみる

「嫌い」と「好き」は隣り合わせ

自分でも信じられないような失敗をしたり、素直になれない性格のせいで大切な人とケンカをしてしまったり、いろいろなコンプレックスが原因で思わぬ事態に直面したとき、自分で自分を嫌いになってしまうということがあると思います。

これを自己嫌悪といいますが、そんな状態のときは、たいていの場合、自分の発言、行為、物事に対する姿勢などを反省していることでしょう。よく考えてみると、自分を嫌いになるくらいまで深く反省しているということですから、これはすごいことです。ここまで自分を追い詰めたら、もうそれ以上自分を責める必要はありません。

自分を嫌いになったときは、まず自分を責めてしまう「内側」への眼差しやエネルギーを、一度「外側」へ向けてください。内側に向けたままでは、きっと顔や目線がやや下向きになって、あまり周りを見ていない状態になっているはずです。

ですから、少し背伸びをして身体を動かすなりして、顔を上げて周りの景色などを見渡し、気を紛らわせてあげてください。

そのうえで、こう考えましょう。自分のことが「嫌い」という感情はほんの一時的なものです。時間が経てば、頂点に達していた嫌いという思いも薄れていったり、気がついたら忘れているものです。ですからその感情にあまり浸らないようにしてください。

人の感情というものは面白いもので、ちょっとした時間や事柄で変化します。泣きもすれば笑いもし、怒ることも喜ぶこともします。そういう意味でも、あまり「嫌い」という感情も気にしないようにしてください。

自分が「嫌い」という感情が生じたら、それは受け流し、自分の好きなところを考えてみてください。実は、自分が嫌いという感情があるということは、自分が好きという感情もある証拠なのです。

――誰もが「嫌いな自分」と「好きな自分」を持ち合わせている

好き嫌いという感情は面白いもので、片方だけでは存在しないのです。コインの裏表のようなもので、両面があってはじめて一つとして存在するものです。

ですから、自分のことが嫌いだと思うということは、好きなところもあるということなのです。自己嫌悪で落ち込んだときは、反対に好きな自分や良いと思う自分の特徴を考えてあげてください。

人の感情というのは短時間で変化します。ネガティブな方にエネルギーを注いでしまうということは、ネガティブな気持ちを自分で引き留めているようなもので、それだけ感情の変化も鈍くなってしまいます。

しかし、逆にポジティブに考えていれば、ネガティブな気持ちは手放しているので、感情の変化も起こりやすくなります。大事なのはネガティブな感情に心身ともに浸らないことです。

この世の中には、自分のすべてが好きとか、自分に何の不満も持たないという方はそうはいないと思います。実は、皆それぞれ「自分のここが嫌だ」「もうちょっとここがこうだといいのに」などと思って生活しています。

オシャレだったり、お化粧だったり、香水を付けたりすることも、皆それぞれが持っている嫌いな部分や不満に思っていることをカバーしている証拠です。

極端に自己嫌悪に陥ったときは、自分だけが嫌なものの塊のように考えてしまいがちです。その結果、誰もが「嫌いな自分」と「好きな自分」を持ち合わせていることを忘れてしまいます。しかし、そうではないことを忘れずにいてください。

そのためにも顔を上げて周りを見渡してみましょう。みんな同じく「嫌いな自分」を持っているのです。そして、同時に「好きな自分」も持っているはずです。

最後に、自分を嫌いになれることも、あなたの勇気あるいいところだと認めてあげてください。

何かが長続きしないのは、そのときの自分に必要がないから

実は長続きできる

「三日坊主」という言葉は、きっと多くの方にとって馴染みの深い言葉だと思います。

これは通常、飽きっぽく長続きしないことのたとえとして使われています。

余談になりますが、なぜこのような表現をするのかというと、仏教のお坊さんの修行というものは、朝早くから掃除や読経がはじまり、食事も粗食で規則正しい生活を強いられます。たとえ出家してお坊さんの修行に入ったとしても、生半可な気持ちでは厳しい修行に耐えられず、三日もすれば還俗《げんぞく》と言って、出家した人が再び普通の俗人に戻ってしまう人がいることからできた表現だと言われています。

同じように、物事に取り組んでもすぐに断念してしまうことは、多くの方に思い当たる節があるのではないでしょうか。朝活、ランニング、ダイエット、英語の勉強など、何をやっても長く続けることができないで悩んではいませんか？

基本的には、長続きできないことをネガティブに捉える方が多いと思います。人によっては、そんな自分に嫌気がさしてしまうということもあるでしょう。

しかし、決して自分を責める必要はありません。まずは物事に対して「やってみよう」と思った気持ちや実際に取り組んでみた行動を褒めてあげてください。

その理由は二つあります。

一つ目は、ただやせ我慢して長続きすればいいわけではないということです。長続きできないというのは、何もあなたに問題があるわけではなく、取り組んだことの内容が自分と合っていなかった、もしくはあなたに必要ではなかっただけです。

自分に適したもの、自分にとって本当に必要なものであるならば、自然と意識しなくても続けていけるものです。

例えば、毎朝起きて出勤することは、誰もが億劫だと感じているはずです。

満員電車に乗ったり、車の運転で渋滞に巻き込まれたりしながら出勤していると、それだけで疲れてしまいます。それでもなんだかんだ言って眠たい目を擦りながら職場に向かっているのが現状だと思います。

それは当然のことだと思いがちですが、よく考えたらすごいことなのです。いざとなったら自分は長続きできるという自信を持ってください。


ですから、いろいろなことを試してみても長続きしないというのは、そのときのあなたに必要のないことであったというだけなのです。

しかし、これもやってみなければ分からないことです。何もしなければ何も分かりません。何かを掴もうとされるあなたの姿勢はとても素敵なことなのです。

自分に合った方法の模索

そして、二つ目の理由ですが、長続きしないということは、あなたが短期集中型であり、自分に合った取り組み方を手探りで掴もうとしているということです。

これは何度もトライした結果、導き出されてくるものです。

言うまでもなく、世の中にはいろいろなタイプの人がいます。ですから、物事に対する取り組み方や考え方も、十人十色です。

スポーツでさえその区別があります。例えば、陸上競技にも五千メートル、一万メートルなどの長距離型、八百メートル、千メートルなどの中距離型、百メートル、二百メートルなどの短距離型があります。

もっと言えば、砲丸投げ、円盤投げなどのフィールド競技さえあります。

つまり、自分に合った内容やその取り組み方を見つければよいのです。そのためにはいろいろな挑戦や試行錯誤をする必要があります。その結果、すぐに見つかる人、時間がかかる人、その差は多少はあるでしょう。

しかし、あなたはそれを掴む、あと少しのところまで来ています。

自分に嫌気が差すというのは、それほどいろいろと挑戦されてきた証拠です。あとは、その嫌気を感じるエネルギーを、自分に合った方法を見つけることへ少しだけ傾けてあげるだけです。

もし次回、長続きができず自分に嫌気がさすようなことがあれば、落ち込むのではなく、むしろそこまで来た自分を褒め、あともう少しで自分だけの物事への取り組み方が掴めると、自身を励ましてあげてください。

信頼していた人に裏切られてしまったら、二つの視点から考えてみる

原因は相手

「裏切り」という言葉、これはあまり響きのよいものではないと誰もが思うはずです。「裏切り」とは、辞典によると大まかには以下の三つの意味になるようです。

①味方にそむいて敵側につく。

②人の信頼にそむく行為をする。

③期待や予想に反する。

裏切り行為は、世界中の誰もが最も怒りをかきたてられるものの一つだと思います。多くの人が、この怒りをかきたてられた経験を持っておられるのではないでしょうか。

例えば、安心して何でも本音を話していた相手が、実はその話や秘密を周囲に漏らしていたとか。

一緒に新しいプロジェクトを始めようと話し合っていたり、一緒に旅行へ行こうと企画していたのに、急に話がストップして、気がつけば別の人と物事が進んでいたとか。

この人には任せられると思って依頼したにもかかわらず、まさかの期待はずれだったりとか。

人それぞれ、いろいろな裏切りにあった経験があると思いますが、信頼していた人に裏切られることほど悲しく辛いものはないと思います。

その複雑な気持ちでいっぱいの苦しみや傷ついた心の痛みは、誰も代わってあげられないものですが、あなたを慰めることのできる視点が二つあります。

一つは、あなたに問題があるわけではまったくないということです。

信頼を裏切るという悲しい行為をしたのは相手の問題であって、あなたの問題ではありません。

ましてや、裏切られた原因があなたにある訳でもありません。すべては相手の問題だと思って、悲しみや怒りの矛先《ほこさき》を自分に向けないようにしてください。

そして、裏切った人のことはもう忘れてください。悲しみや怒りの矛先を相手に向けても何も変わりません。ただ無駄にエネルギーを消費してしまうだけです。

きっと縁が切れるようになっていたのだと思ってください。むしろ早くその人の正体が分かってよかったのかもしれません。ひょっとしたらもっと酷い裏切り行為をされていたかもしれないと考えることができます。

そういう意味では、早く分かってラッキーだと思えば、少し気持ちも落ち着くはずです。

悲しみの分かる人間

もう一つは、裏切られたことが、あなたを成長させるという視点です。

信頼していた人から裏切られて、傷ついてしまった人の気持ちは、あなたが一番分かっているはずです。

そんな辛い思いを人に与えたのが、あなたではなくてよかったということです。

こういうときに分かるのは、あなたが人を傷つけるような人間ではないということと、人の心の痛みが分かるようになったということです。

これは、あなたが人としてさらにひとまわり大きくなったという意味でもあります。

裏切られたことで辛く悲しい気持ちにはなってしまうと思いますが、その苦しさの分だけ、人の心の痛みが分かる大きな人間になったという思いで、自分を包み込んであげてください。

そうすることで、あなた自身は決して人を裏切ることなく、今大切に思っている人や周囲にいる人たちをもっと大切にしようと思えてくることでしょう。

そして、いつか同じように傷ついた人を見かけることがあれば、そっとその悲しみに寄り添ってあげることもできるはずです。


いっときは複雑な心境が続くことは仕方のないことです。それはそれでいいのです。しかし、それがすべてではないことを決して忘れないでください。

長い目で見れば、あなたにとってプラスになることの方が多い機会だと思って、またいつも通りの生活をなさってください。

人の心の痛みが分かるというのは、とても尊いことなのです。

自分の嫌な部分を変えたいと思っても、本当は変える必要はない

嫌な部分は変えてはいけないものかもしれない

自分に嫌な部分は一つもないという人は、そうはいないと思います。誰にでも胸の内では自分の内面に関して嫌な部分を少なからず持って生活しているものです。

例えば、自分の頑固さ、がさつさ、気の弱さ、責任感のなさ、生真面目さ、堅さ、ツンデレな性格、あまのじゃくな性格、素直に謝れない性格など、さまざまでしょう。

自分の嫌な部分を変えたいと思うことは、ごく自然なことだと思います。しかし、過去に何度同じことを思い、自分の変化を試みてきたでしょうか。おそらく、ことあるごとに嫌な自分を変えたいと思っては、自分に試練を与えてきたはずです。しかし、なかなか変化させることは難しく、気がつけば忘れてしまう。そしてまたしばらくして同じことを思い、また自分に試練を与えては忘れてしまう。

この繰り返しではなかったでしょうか。

話は少しずれますが、猫背の方は、自分の姿を鏡で見ては、姿勢を正そうと決心し、頑張って胸を張って生活しようとします。しかし、気がつけばまた猫背の姿勢に戻ってしまいます。

よほど意識的に姿勢を正すことを心がけるか、整骨や整体へ行って治療し続けなければ姿勢はよくならないものです。そして、治療が終わっても、日頃から意識的に胸を張るようにしなければ、すぐにまた猫背の状態へ戻ってしまいます。

きっとあなたも、何度も自分の嫌な部分を改善しようと、いろいろな試みをされて努力してきたことだと思います。でも、そんなあなたは、もう無理に自分に試練を与えるようなことをする必要はありません。

そして、別の捉え方をしてみてください。

それは、あなたが嫌な部分は、実はあなたにとって大事な一部だということです。だから、いくら変えようと思っても変えることができないのです。

すべてを総合してあなた

自分の嫌な部分を嫌って斬り離そうとするのではなく、それを自分の一部として受けとめるイメージをもってみてください。

つまり、嫌な部分も含めてあなたなのです。自分の嫌な部分を否定するのではなく、肯定してあげればいいのです。

実際、嫌なものは嫌ということもあるでしょう。しかし、変えたいと思う嫌な部分のおかげで、逆に得をしたことを考えてみてください。

きっと過去に得をした、あるいはよかったと思えたことがあるのではないでしょうか。そうすると、その嫌な部分も少し可愛く見えたり、少し好きになったりすることができるのではないでしょうか。

世の中に、完璧な人など存在しません。そういう意味では、自分の嫌いな部分が、実はあなたの特徴だったりもするのです。

無理に変化させていくというよりは、嫌な部分と上手く付き合っていくという発想に転換すると、きっと気持ちも楽になると思います。

そして何よりも大切なことがあります。それは、その自分の嫌な部分から目を離さず、しっかりと受けとめているのも、あなた自身だということです。このこと自体が、実はなかなかできることではないのです。

普通は自分の嫌な部分を感じながらも、あえて目をそらすものです。しかし、目をそらすことなく、自分の嫌な部分を受け止め、さらに正面から向き合って変えていこうと思うことは、人として成長していこうとするあなたの向上心にほかなりません。

そんなあなたの姿は素敵としか言いようがありません。

そして実は、自分が嫌だと思っている部分は、意外と周囲からは慕われているポイントだったりするものです。

そういった視点も含めて、嫌な部分を含めてあなたはあなただと言えるのです。

どうか今の自分をありのまま大切にしてあげてください。

何もかもが嫌になってしまったら、自分の気持ちに素直になればいい

そのままの気持ちをさらけ出す

すべてのことがうまくいかず、もう何もかもが嫌になってしまうことはないでしょうか。大声で叫びたくなったり、むしゃくしゃして人にやつ当たりしたくなったり、テーブルの上にあるものをすべて払いのけたりしたいような気分のときです。

そんなときは、自分の気持ちに素直になり、何もかもを嫌になってみてください。我慢して気持ちに流されまいと耐えようとせず、あなたの溜め込んできた気持ちの流れのまま、自分を解放してあげてください。
そうすれば、いつの間にか楽になっていきます。

この苦しみをどうにかしようとか、無理に気持ちを抑え込もうとすると、余計苦しくなってしまいます。そしてここには、あなたの周囲を気遣う心や、物事に対する責任感が垣間見えますが、もう何もかもが嫌だと感じてしまったときくらい、自分を追い込むことに繋がるような周囲への気遣いは無用です。
溜め込んできた気持ちを爆発させたり、取り組んでいた物事を投げ出したりしてみてください。

ただし、人目につかないところや、周囲に大きな迷惑をかけないようにする点だけは気をつけてください。さもなければ周囲の人々が驚いてしまったり、場合によっては人を傷つけてしまいかねません。

このルールを守ったうえで、普段は我慢していることをしてみたりするなり、ストレスを発散してあげてください。

すべてが嫌だと感じてしまうまで頑張ってきたあなたは、間違いなく真面目な方です。だから、どれだけ嫌な気持ちへ自身を流したとしても、しばらくすれば、またこれまでと同じあなたの姿に戻ってくるはずです。

考え方としては、いい子の自分を演じるのを一旦やめて、休憩するという感じです。休むときには休まないと、疲労で身体も精神も壊れてしまいます。

ときには肩肘張らずに、素の自分というものを出してあげてください。自然体の自分で、素直にそのときに心地がいいと思う気持ちや姿をさらけ出してあげればいいのです。
そうすれば自ずと混乱した状況は収まります。

実はいいチャンス

しばらくして、混乱状態から落ち着きを取り戻すと、不思議なことに、これまで見えなかったことが見えてきたり、思いもしなかったことを思うようになることがあります。

例えば、自分が大事だと思っていた物事を本当に必要なものなのか、不必要なものなのか再考できたりします。ひょっとしたら悩んでいたことは実はちっぽけなことだったと思えたりすることもあるかもしれません。
つまり、不必要なものが淘汰されていくのです。ある意味、開き直った状態ともいえるかもしれません。

混乱してすべてが嫌になることは、決して悪いことではありません。生活をしていれば、誰にでもあることです。しかも、そう滅多にあることではないはずです。だからこそ、実はむしろチャンスともいえるのです。

なぜなら、日頃、真面目で優しい性格であるが故に、なかなか断れなかった周囲のお願いに、モヤモヤしたものを秘めているという心当たりはないでしょうか。

そこで、この開き直った状態だからこそ、このようなモヤモヤした物事に決断を下し、嫌なことは嫌だと伝え、自分を楽にしてあげることも大切です。

混乱してすべてが嫌になる状態もつかの間ですから、そのときは思いきってその嫌になったときに生じる気持ちに身を任せてあげてください。

ある程度したら必ず自然といつものあなたに戻れるので、安心してその場をやり過ごしてください。

そしてその先には、きっとあなたの新たに磨かれた心地よい生活スタイルが待っているはずです。

同じことで失敗して落ち込んでしまう自分を、ちゃんと許してあげる

その失敗はあなたの一部

仕事においても、私生活の中においても、いつも同じ失敗をしてしまい、落ち込んでしまうということはないでしょうか？

例えば、ハンカチなど小物を忘れてしまう、漢字を読み間違える、人の名前を間違える、データの入力ミス、物事の手順を間違えるなど、おそらく人それぞれいろいろな習慣的な失敗があることでしょう。

誰にでも同じ失敗を繰り返してしまうことはあるものです。

そして失敗をする度に、ため息をついては、同じことを繰り返してしまう自分に凹んでしまったり、落胆してしまったり。

おそらく何度も「もう二度と同じ失敗はしない」と心に誓っては、気がついたらまた繰り返してしまうという人も多いと思います。

そんなときは、「またやってしまった」という心情の吐露と同時に落ち込んでしまうものでしょう。

でも、そんなときに落胆せずに済む方法があります。それは、もう繰り返してしまう失敗を失敗だと思わないことです。

どんなに気をつけていても、気がつけば何度も繰り返してしまう失敗というのは、もうあなたにとっては失敗ではありません。

むしろ「あなたらしさ」と思ってあげてください。自分の特徴、あるいはチャームポイントくらいに考えても大丈夫です。


人は誰にだって一つや二つ、同じ失敗を繰り返してしまうことがあるものです。長期間ないし何度も繰り返してしまうということは、それはもうあなた自身の一部なのです。

あなたの一部ということは、大がかりな切断手術をして切り取らない限り、あなたから切り離すことはできないということです。もちろん、無理にそのようなことをする必要はありません。

同じ失敗を繰り返すことや、その失敗の内容は、あなたらしさを映し出すものだと思って、むしろ大丈夫です。

自分自身を許してあげる

また、別の捉え方もあります。それは、同じ失敗をしてしまうということは、それが許される内容だからということでもあります。

つまり、そこまで自分にも周囲に対しても迷惑をかけているわけではないということです。よっぽど周囲に迷惑を掛けないかぎり、そこまで気にする必要はありません。あなた自身を許してあげる気持ちを持ってください。

中には、完璧主義者でありたいという人もいるでしょう。もちろん、それは素晴らしい志だと思います。しかし、実は完璧でありたいと思えば思うほど、かえって自分の粗《あら》が見えてきたり、その粗をカバーするために常に気遣いが必要となり、疲れてしまいます。ずっとピリピリしていなければなりません。

そうすると表情も堅くなってしまい、人間らしさという名の温かさがあなたから失われてしまいます。

そうではなく、ありのままの自分と向き合って受けとめてあげてください。つまり、自分を許してあげるのです。

人というのは、なかなか自分自身を含め、物事を思い通りにすることはできません。それこそ失敗しないようにと思っていても、同じ失敗をしてしまうことが物語っています。

また、人を傷つけたくないと思っていても、結果的に傷つけてしまったという経験をしたこともあるのではないでしょうか。

ある意味、人は置かれた状況次第では、何をしでかすか分からないものなのです。これは例外なく、世界中の誰もが同じです。

そんな存在が人間というものなのですから、ちょっとした失敗などまったくたわいもないものです。気にせずに生活なさってください。

それこそ、あなたらしさが映える生き方なのです。

「忙しい」というのは、決してネガティブなことばかりではない

あえて手を止めてみる

「心」を「亡くす」と書いて「忙」という漢字があるように、課されたこと以外、自分自身のことも、周囲のことも、何も考えることができないような状態に陥ったことはないでしょうか。

不健康ではありますが、場合によっては、寝食を忘れてしまうくらい、必死にならなければならないこともあると思います。

そんなときは、誰もが「なぜ自分だけこんな思いをしなければならないのか」「辞めたい」「この状況から逃げ出したい」と思うはずです。根を詰めているため、きっと息苦しくもあると思います。

そんなときは、ちょっとでもキリのいいタイミングがあれば、無理にでも仕事や取り組んでいることの手を止めてみてください。

そして、目をつぶって顔を上に向け、鼻から大きく空気を吸って、口から空気を出す。これを数回繰り返してみてください。

忙しいというあなたの現実を変えることはできませんが、少しだけあなたの苦しい気持ちを和らげることのできる、二段階の捉え方を紹介します。

第一段階の捉え方は、実は忙しく時間を過ごすというのは、苦しい思いの時間というネガティブな側面だけではなく、時間を早く過ごせるというポジティブな側面もあるということです。

例えば、面白くないときの時間や職場で仕事がまったくないときの時間ほど、辛いものはないと思います。周囲は何かに懸命になっているのにもかかわらず、自分はまったく異なる状況にいると、申し訳なさや何かしなければという焦りなどが入り交じり、ソワソワしてしまうものです。

そういうときに限って時間の流れがゆっくり感じられ、時計ばかり気になります。

忙しいときは、時間がすぐに過ぎてしまうものなので、どう時間を潰すか、どう仕事をしているフリをするのかなど、余計なことを考える必要もないということです。集中している分、時間はあっという間に過ぎます。

乗り越えた先にあるもの

第二段階は、この「忙しい」とは、誰にでも与えられる状況ではないということです。よく、仕事のできる人のところへ仕事は向かっていくと言われますが、あなたならできるということを周囲が分かっているから、仕事やさまざまな依頼が集まってくるのです。

そして、その忙しさは、あなたにしか与えられなかったチャンスと思ってください。

人は誰でも物事に対して好き嫌いがあり、基本的にはできることならば嫌いなことは避けるものです。しかし、さまざまな諸条件が揃って、否応なしにあなたが直面しているということは、それだけ意味もあるのです。

学べるときは学ぶのが、あなたの大切な時間の使い方です。転んでもただでは起きあがらないという精神です。

そのとき、この忙しく辛い周期はいずれ終わるということを忘れないでください。すべての物事は変動するものですから、あなたの忙しさも永続的に続くわけではありません。

今は忙しくて辛いかもしれませんが、今やるべきことに集中していれば、気がつけばその状況も変化していることでしょう。

そして、忙しくて苦しいという感情が、「安心」「楽しい」「よかった」というような別の感情に変化したときには、あなたははるかに想像を超える成長を遂げていることになるのです。つまり、苦しい分だけ、あなたが成長できる機会なのです。

とはいえ、忙しくて辛いものは辛いです。弱音を吐くのも当然です。それでも、現実は何も変わりません。

そうであるならば、その忙しい状況を自分自身のステップアップの糧として受けとめてみてください。

物事の捉え方が変われば、直面する現実の受け取り方も変わるはずです。

先のことが不安になるのは、現在が充実しているということ

不安は予防線

穏やかで調子のよい生活が続いていたり、プライベートも仕事も充実した日々を送っていると、ふと「この状態はいつまで続くのだろう」「いつまで自分は最前線にいられるのだろう」と行く末のことが不安になることはないでしょうか。

おそらく、今の自分や生活に満足している人ほど、不安は強くなってしまうと思います。ある意味、今の幸せが失われてしまうという恐怖にも似た感

情でしょう。

この手の感情を強く持ってしまうと、悲しさの入り交じった不安な感情が顔を出し、このまま時間が止まることを願ったり、ますます後ろ向きの思考に偏りがちになってしまったりします。

ある意味、これは当然のことです。誰もが自分にとって心地のよい時間や環境の継続を切望するものです。

しかし、ここで注目すべきことは、あなたが今の生活環境はいつか変化してしまうことをきちんと知っているということです。

実は、これはあなた自身を守る大切な視点なのです。

世の中の道理として、すべての物事は移り変わり、変化していきます。自分にとって、どんなに心地よい、もしくは心地の悪い状況、状態であろうと、あなたを取り巻くすべてのものは変化します。

その中にはあなた自身も含まれています。「すべて」が変化していくのです。

このことを意識的ないし無意識にも知っているからこそ、あなたは不安を感じるのです。もしもその不安がなければ、実際にいざあなたの状況が変化したとき、あなたは大きなダメージを受けることになってしまうでしょう。きっと「なぜ?」「どうしてこんなことに?」という自問自答の繰り返しで苦しむことになってしまいます。

言い換えれば、あなたは不安というもので悲しんでしまう自分のダメージを軽減する予防線を張っているのです。

でも、これはとても大切なことです。どうか不安を感じることのできるあなた自身を、特別な能力の持ち主と認めてください。

不安はあなたの幸せ度数

また、別の捉え方として、今の自分自身の状況の継続に不安を感じるということは、同時に、自分の置かれた現実に感謝し、大切に日々の時間を過ごされている証拠でもあります。

きっとあなたが心地よいと思う環境に身を置くまでに、多大な時間と苦労を重ねてこられたことでしょう。中でも、人には言えないような苦労や辛い経験をしてきたこともあるかと思います。

だからこそ、その成果としての「今」を失いたくないと強く思うのは当然のことです。あなたの不安は、そのままあなたの勲章なのです。

しかし、その不安さえ忘れさせてくれる事実があります。

今、不安を感じてしまうほど充実感をもって生活しているあなたには、今とはまったく同じ状況ではないにしても、未来にはまた心地よさを感じられる状況が与えられるということです。

不思議に思うかもしれませんが、時機相応の状況がきちんとやってくるものなのです。

しかし、それには一つだけ条件があります。それは、今を「感謝の気持ち」をもって大切に過ごすことです。

あなたが心地よさを感じられるような未来を構築するうえでは、今という時間の正しい過ごし方が必要不可欠です。

今すべきことに集中し、しっかりと生きることが、あなたの未来を切り開いていくことになるのです。そうする中で、不安は掻き消されていきます。

先のことを心配することに、エネルギーを費やす必要はありません。せっかくならば、未来を構築することに、そのエネルギーを使ってください。

きっとあなたが予想もしなかった気持ちのよい未来があなたを待っていることでしょう。

おわりに

日本に帰国して約10年。私が海外で身をもって経験したこと、新たに触れた心の持ち方、学んだことなどを多くの方と共有したいと思い、これまでに全国各地で、数多くの講演会やワークショップなどのイベントを実施させていただきました。

そして、その行く先々でたくさんの方々と出会いました。そこでは、その都度さまざまな悩みをお聴かせいただき、また同時に私自身が新しい「気づき」をいくつも頂戴しました。

まずはこのようなご縁に恵まれたことを、心より感謝しています。決して大げさではなく、こうした体験の積み重ねをさせていただいたことで、今日の私があるのだと深く感謝しております。

しかし、せっかくお会いしたにもかかわらず、限られた時間と私の対応能力の低さが故に、お話を聴きに来てくださった方一人ひとりと十分に向き合うことができていないことを、私自身ずっと懸念しておりました。

意を決し、せっかくこんな私に打ち明けてくれた方のお悩みの多くに、きちんと寄り添うことができていない自分に、言葉にできないほどもどかしい気持ちでおりました。

そんなときに、実際にお会いしてお話を聴き、直接お応えすることはできませんが、インターネットを通じて、応えそびれてしまった遠く離れている方々のお悩みや、多くの方が陥るであろう、生きていくうえでのお悩みにも、寄り添う取り組みを始めました。

それが本書の出版社アルファポリスのサイトで始めた連載「あなたは、あなた。」でした。

現在も連載は配信中ですが、このたび本として形となり、また新たな方々に声を届けることができるようになりました。

この本が、一人でも多くの方にとって、少しでも毎日を気持ちよく生活する糧となることを、心より願って筆を置きたいと思います。

令和元年6月吉日

大來尚順

【著者紹介】

大來尚順（おおぎ しょうじゅん）

浄土真宗本願寺派 大見山 超勝寺住職　翻訳家　著述家

1982 年、山口県山口市生まれ。龍谷大学卒業後に渡米。
Graduate Theological Union（連合神学大学院）にて仏教学修士号を取得。その後、同国ハーバード大学神学部研究員を経て帰国。帰国後は、東京を拠点として通訳・翻訳・執筆・講演・メディアなど、幅広く活動を展開。昨今では、女性を対象としたお悩みカウンセリングや働き方改善ワークショップを数多く実施し、独自の経験と視点からさまざまな苦に寄り添い続けている。

＜オフィシャルサイト＞　shojun-ogi.com

この作品に対する皆様のご意見・ご感想をお待ちしております。

おハガキ・お手紙は以下の宛先にお送りください。

【宛先】

〒150-6005 東京都渋谷区恵比寿4-20-3 恵比寿ガーデンプレイスタワー5F
（株）アルファポリス　書籍感想係

メールフォームでのご意見・ご感想は右のＱＲコードから、
あるいは以下のワードで検索をかけてください。

アルファポリス　書籍の感想　検索

ご感想はこちらから

あなたは、あなた。

大來尚順 著

2019年6月30日初版発行

編　集ー原　康明
編集長ー太田鉄平
発行者ー梶本雄介
発行所ー株式会社アルファポリス
〒150-6005 東京都渋谷区恵比寿4-20-3 恵比寿ガーデンプレイスタワー5F
TEL 03-6277-1601（営業）03-6277-1602（編集）
URL http://www.alphapolis.co.jp/
発売元ー株式会社星雲社
〒112-0005 東京都文京区水道1-3-30
TEL 03-3868-3275
装丁・中面デザインーansyyqdesign
印刷ー中央精版印刷株式会社

価格はカバーに表示されてあります。

落丁乱丁の場合はアルファポリスまでご連絡ください。

送料は小社負担でお取り替えします。

ISBN 978-4-434-26092-6 C0095